MW01504720

INCENDIO DEL CORAZÓN

un poemario de
Santiago Alanis

Este libro lo escribí intentando encontrar las respuestas a todo eso que me pregunté en el pasado. Tratando de entender por qué nuestros destinos tomaron ese camino.

Espero seas feliz, que yo estoy haciendo hasta lo imposible por serlo, a pesar del fuego en el que mi corazón arde.

-Santiago Alanis.

la primera vez
que mis ojos te vieron
dentro de mi pecho
se encendió la chispa del deseo
dando calor a mi cuerpo entero,
ahora dime por favor
¿cómo detengo el incendio?

amarte fue sencillo,
pero superarte fue difícil
porque para poder seguir
adelante después de ti
primero debía amarme,
y amarme fue difícil,
pero nunca será imposible.

traté de llenar el vacío de mi corazón
con el cariño de otros cuerpos,
sin saber que lo único que podía
cubrir ese espacio en mi pecho
era el amor propio.

siempre han dicho
que para amar a los demás
primero debes amarte a ti mismo
y creí que era mentira, que se trataba
de una de tantas frases sin sentido
para llenarte de esperanzas y caprichos,
pero ahora entiendo que no puedes dar
aquello que no tienes y, para brindar
el fruto del amor, primero debes
cosechar el árbol en tus jardines.

¿por qué nadie me dijo que
la prueba de amor más grande
era dejar ir? —me pregunté.

porque de saber ese detalle
jamás te habrías arriesgado
a sentir el amor —respondiste.

a veces la razón por la que
nos negamos al amor
es el miedo al dolor que
cargamos en el pecho.

para poder sanar
se debe llorar,
se debe gritar,
se debe sufrir,
porque el dolor no se cura
reprimiendo emociones,
el dolor se cura viviendo
cada emoción en el pecho.

te miro
y puedo ver
el resto de mi vida
contigo.

cuidare de ti
y no será una carga,
porque para mí
tú nunca serás una carga.

tu sonrisa es
la promesa de amor
más grande
del universo.

ríes cada que cuento un chiste
incluso si no es gracioso
tu ríes porque me amas
y es por eso qué te amo,
por eso y por todo lo bello
que eres para mí.

me miras como
si todos tus sueños
se hubieran hecho realidad
en mí.

gracias por amarme.

te amaré por siempre,
incluso si no te vuelvo a ver,
incluso si no te vuelvo a escuchar,
incluso si no te vuelvo a sentir.
porque mi amor por ti es ciego,
sordo y eterno.

un día desperté desesperadamente
enamorado de ti y, no sé cómo pasó,
solo sé que ahora todos mis poemas
tienen tu nombre grabado entre sus letras.

ahora solo quiero
protegerte de todo dolor,
con la esperanza de
no ser yo quien te haga llorar
mañana.

no voy a aceptar
una vida que no merezco.
yo merezco una vida a tu lado
y espero verte a mi lado hasta
el día que muera.

cada que tus manos
mi piel tocan
se encienden corrientes
llenas de pasión y fuego
que deslumbran cada esquina
de esta casa vacía
llena de desesperado
amor por ti.

ahora que te ves sin amor
vienes corriendo
pidiendo mi perdón,
las personas como tú creen
que pueden tener lo que quieren
cuando quieren y como quieren,
pero nada más alejado de la realidad.
lo único que te pedí fue estar junto a mí
por el resto de nuestras vidas
y tú lo abandonaste todo sin pensar,
te fuiste corriendo y dejaste todo atrás,
me dejaste atrás.
así que no pidas de regreso
aquello que con tanto desprecio
decidiste abandonar:
mi amor por ti.

estoy harto
de seguir llorando por las noches
esperando tu llamada, un mensaje,
un saludo, una caricia, un beso.
estoy harto de pensarte noche y día,
de pasar el tiempo imaginando
nuestro futuro juntos; un futuro incierto,
inseguro, lleno de dolor y traición.
estoy harto de amarte tanto,
pero cada que me escribes en la madrugada
vuelvo por un poco
de las migajas de tu amor.

por favor, no te vayas
sin decir adiós.
no te vayas.

nunca entenderás este sentimiento
sentir que el corazón se consumió
en las llamas de una pasión desmedida
que ardiente me exige tus labios
nunca entenderás esta sensación
que calcina mi cuerpo lentamente
a la espera de un beso tuyo,
nunca entenderás esto
que por dentro siento,
este gran amor por ti.

me pierdo en tu mirada
y encuentro el valor del mañana
pues junto a ti quiero despertar
cada día
para en tus ojos ver el sol saliente
iluminar mi cara.

hoy desperté
queriendo saber
¿cómo estás?

yo estoy bien.
pensando en ti,
en la idea de ti,
en el recuerdo de ti.

yo estoy bien.
ansioso por saber
si tú piensas en mí,
ansioso por saber
¿cómo estás?

¿qué es el amor?

1. el amor es poder sentirte cerca
   a pesar de estar lejos.
2. abrazarte y sentir que estas en casa,
   encontrar en tus brazos la tranquilidad.
3. llorar sin miedo a ser juzgado,
   siempre acompañado por tu mirada.
4. pasar tiempo sin decir nada
   y que el silencio llene los vacíos.
5. besarte y encontrar refugio en tus labios,
   memorizando cada gesto y manía de tu boca.

amar es estar presente en la ausencia,
es escuchar en silencio, tocar lo inmaterial,
sentir el calor del otro.

amar es compartir la vida.

y yo te amo.

no olvides que aquí
entre mis brazos
esta tu hogar.
tu perteneces a mi cuerpo
y mi cuerpo te pertenece.
no me olvides nunca
porque yo nunca te voy a olvidar.

en mi silencio se encuentra
todo eso que quiero decir
pero no puedo.

1. quiero decirte que te amo.
2. que sin ti no soy nada.
3. que sin ti no soy nadie.
4. que en la distancia te pienso.
5. que en las noches te sueño.
6. que te recuerdo diario.
7. que tu perfume en mi memoria quedó grabado.
8. y que no te olvidaré nunca.

quiero amarte
sin miedo
quiero amarte
sin condiciones
quiero
amarte.

eres todo lo que quiero,
eres todo lo que necesito.
nada ni nadie se interpondrá
en nuestro camino.
porque a tu lado nada me falta
y sin ti nada tiene sentido.

pídeme lo que quieras,
menos que volvamos a ser amigos.
porque te conozco el cuerpo
con los ojos cerrados, con el tacto
de mis dedos, con la punta de mis labios.
porque en mi memoria se encuentra
grabado cada beso y cada abrazo.
porque te dije que te amo
de formas en las que nunca
he podido amar a ningún amigo.

uno nunca deja de aprender,
nunca deja de crecer,
nunca deja de equivocarse.

toma mi mano,
quiero vivir todo contigo.

el amor es prestar atención
a todos esos detalles
que se viven en silencio.

1. tus penas.
2. tus preocupaciones.
3. tus malestares.
4. tus inseguridades.
5. tus miedos.

y convertirlo todo:

1. en sonrisas.
2. en soluciones.
3. en remedios.
4. en seguridad.
5. en fortaleza.

el amor es estar junto a ti,
sin soltar tu mano.

que la distancia nunca se interponga
en nuestro amor.
jamás dudes de esto que por ti siento.
nada puede apagar el fuego
que en mi corazón arde
por ti.

para mí, tú eres
lo más importante.
nunca lo olvides,
porque no puedo soportar
un mundo sin ti.

tantas preguntas.

y una sola respuesta:

te amo.

cuando sientas que no tienes fuerza,
que ya no puedes seguir avanzando.

toma mi mano, no te dejaré caer.

hay tantas cosas que quiero decirte.
que te amo es una de ellas,
pero ahora que no estas
esa palabra se siente vacía
como el lado izquierdo de mi cama.
quiero decirte que te extraño,
que tu recuerdo de mi mente no se aleja.
quiero decirte que te necesito
pues a tu lado todo era hermoso
y sin ti nada tiene sentido.

quiero decirte tantas cosas,
pero no sé cómo, ni cuando, ni dónde.

ahora entiendo que te fuiste,
porque yo tonto nunca supe decirte
todo lo que te quiero decir.

yo si quiero saber que te gusta y
yo si quiero saber que te emociona,
quiero saber si estas feliz, si estas triste,
si algo te está robando la tranquilidad
o si todo está tranquilo dentro de tu cabeza.

quiero saber todo de ti,
quiero saber si eres feliz sin mí.

cada vez que ignoré lo que sentía
para no incomodarte ni molestarte,
me estaba perdiendo a mí mismo
y no me di cuenta hasta que te fuiste.

en ese momento me quedé sin nada,
sin personalidad y sin la persona
que más amaba.

y me cansé de ser yo
quien te busca siempre
para arreglar lo que tú rompiste,
mientras yo me quedo cargando
el dolor de tus disgustos.

me cansé de ser yo quien
te abraza por las noches
cuando tu corazón está roto,
mientras yo me escondo a llorar
para no incomodarte al dormir.

me cansé de ser yo quien lucha
porque este amor funcione y
a cambio solo recibir indiferencia.

soy mucho más que solo la almohada
a la que llegas a llorar tus penas,
soy mucho más que el curita
que sana tus heridas.
soy un ser vivo que siente
y hoy me siento cansado de ti.

yo siempre te voy a amar
y nunca te voy a olvidar.

porque fuiste lo más hermoso
que me sucedió.

fuiste la chispa que encendió
el fuego en mi corazón.

fuiste el momento más importante
de toda mi vida.

fuiste el amor de mi vida.

sé que ha pasado mucho tiempo
desde la última vez que nos vimos,
pero ten por seguro que mi corazón
se acelerará veloz
como el motor de un deportivo
en cuanto mis ojos
se encuentren con los tuyos
una vez más.

tarde entendí que amar
también es dejar ir.
me aferré tanto a ti
que sin querer te hice daño
y terminaste huyendo de mis brazos.

hoy que te veo sonreír lejos de mí,
en mi corazón se asoma una hermosa luz,
el recuerdo de todo lo hermoso
que vivimos juntos.

en mi corazón se asoma la nostalgia
para demostrarme que
tu felicidad es mi felicidad
aunque sea con alguien más.

no tienes que decir nada.
tu silencio ya me explicó
todo lo que sientes.

me gusta pensar en el quizás.
en todos esos momentos
que pudieron suceder si yo
no hubiera sentido miedo al amor.

me gusta pensar que quizás
hoy estaríamos corriendo por el parque
tomados de la mano y diciéndonos "te amo".

me gusta pensar que quizás
hoy estaríamos acostados en la cama
tocando nuestras pieles con ternura
susurrando dulces palabras.

me gusta pensar que quizás
pasaríamos juntos los domingos
mirando películas románticas
abrazados juntos bajo las sábanas.

me gusta pensar en el quizás
solamente cuando ese quizás
es contigo.

en este momento
lo único que me importa
eres tú.

eres la mejor persona
que he conocido en mi vida
gracias por aparecer en ella
aunque solo haya sido
por un pequeño momento.

sé siempre estoy sonriendo,
pero por dentro siento que muero.
si supieras por todo lo que estoy pasando
entenderías por qué me siento roto.

a veces quiero que me abraces
siento que eso es suficiente
para hacerme sentir tranquilo.

por favor
dame una nueva oportunidad.
déjame sentir tus manos
una vez más.
quiero verte a los ojos
y sentir que el mundo se detiene,
permíteme cuidar tus secretos
y cultivar tus anhelos.
por favor,
déjame ser parte de tu vida
una vez más.
prometo cuidar lo nuestro
hasta que la muerte nos separe.

tú eres mi lugar
favorito en este mundo.

tú eres la luz
que me ilumina el amanecer.

tú eres la esperanza
que guía mi camino.

tú eres el amor
de mi vida, en esta
y en cualquier otra vida.

me enfrenté al destino
me enfrenté al mundo entero,
me enfrenté a todo y todos
solo por ti.

cuando pase el tiempo
y me vuelva viejo
voy a mirar al pasado
con alegría
porque voy a recordar
cada momento contigo,
después me abrazara
la tristeza
de pensar en todo
lo que pudimos ser
y no fuimos.

por favor
no dejes de mirarme
de la forma en que me miras,
no soportaría una vida
sin esa mirada
llena de amor y pasión.

estoy cansado
de dar más de lo que doy
de esperar cada día
a que alguien me elija
dar todo de mí
para que se queden a mi lado
con miedo a que
me decepcionen una vez más.

el problema del amor
es que cuando termina
pasas más tiempo recordando
de lo que duró la felicidad.

te amo, pero estoy cansado.

- cansado de ser yo el que cura heridas que no provoqué.
- cansado de arreglar problemas que no causé.
- cansado de buscar personas a las que no alejé.
- cansado de dar todo de mí sin que nadie lo valore.

estoy cansado de amar
a personas que no me aman
ni la mitad de lo que yo amo.

me duele tu indiferencia,
que cuando te busco
no te encuentro,
me duele saber que
con todos sonríes
menos conmigo,
que a todos buscas
menos a mí,
que con todos hablas
pero a mí solo me dedicas
el más frio y cruel silencio.

me duele amarte
con tanta intensidad
a cambio de absolutamente nada.

hay ocasiones
que uno se aferra
a pequeños detalles
porque es lo único
que te une a eso
que alguna vez te hizo feliz.

te juro que hay momentos
en los que quiero volver a verte,
en los que la ansiedad me abraza
y pienso en tus brazos y tus besos
para tener calma.

hay momentos en los que quiero
escribirte para saber cómo estas,
si te encuentras bien o como va tu día.

quizás no pude demostrarte
todo lo que te quise, pero lo hice,
de verdad lo hice y creo que
lo sigo haciendo, te sigo queriendo.

y sueño con algún día
verte de nuevo para ponernos al día,
y decirte que te extraño
por más que me aferro a olvidarte.

perdóname por dañarte
no fue mi intención,
pero te acercaste a mí
cuando yo estaba asustado.

prometiste que nunca te irías
que jamás me harías llorar
y ahora estoy aquí en el suelo
esperando que cumplas una promesa
que jamás se hará realidad.

no te confundas,
tu no le temes al amor,
tú tienes miedo
a que te lastimen
igual que lo hicieron en el pasado.

y al final siempre resulta mejor
no acostumbrarse a nada
ni a nadie.

hay personas
a las que debes dejar atrás
para poder encontrar la paz.

no importa cuánto las ames,
ni cuánto tiempo los hayas conocido.

aprender a decir adiós
también es un acto de amor.

yo te quise
cómo no quise a nadie,
tú me quisiste
cómo quieres a todos.

confía en que vienen
cosas buenas para ti,
no desesperes
no te dejes vencer
sigue luchando
que eso por lo que tanto
has peleado esta próximo
a llegar.

si pudiera regresar el tiempo,
te diría lo que siento antes
de que fuera demasiado tarde.
por ejemplo...

- te diría lo mucho que te extraño cuando no estas junto a mí.
- que en mis momentos más tristes son tus abrazos los que me calman, porque en ellos encuentro mi hogar.
- que son tus besos los que me llenan de esperanza.
- te diría que me doy cuenta de cada detalle que haces pensando en mí, aunque no lo diga por miedo a que creas que soy intenso.
- te diría que no pienso en un futuro en el que no estes.
- y lo más importante, te diría que te amo, cada noche y cada amanecer.

fuiste lo mejor que me sucedió
y también fuiste lo mejor
y sin importar lo que pasó entre los dos
sigo amándote con intensidad.

muy tarde entendí que
no debo obligar a nadie a quererme,
ni a brindarme su tiempo o esperar
que me responda con rapidez.
muy tarde entendí que
los limites me los debía poner a mí,
y que si alguien no estaba dispuesto
a amarme como yo le amaba
entonces debía aprender a decir adiós,
por mi bien y por el bien de los dos.

hay personas que se convencen
de que fuiste malo con ellos
para tener una excusa que los justifique
por haberte dañado tanto.

hay personas que te retienen
en sus vidas, no porque te amen,
sino porque no quieren volver a empezar
y terminan llenándote de dolor
e indiferencia, por miedo a dejar atrás
algo que hace mucho tiempo terminó.

de verdad deseo que
cuando sanes tus heridas
encuentres a alguien que te ame
con dulzura y cariño,
porque mereces un amor bueno,
de esos que tanto se habla
en los libros de amor.

recuerda.

mereces ser feliz.

mereces un amor bonito.

mereces un amor correspondido.

mereces un amor tierno.

mereces un amor seguro.

mereces un amor bondadoso.

mereces un amor honesto.

mereces un amor para toda la vida.

solo no te rindas, ni te conformes.

lo que mereces no llegará con facilidad
y tampoco cuando más lo quieras,
recuerda que para encontrar la luz
deberás encontrarte con la oscuridad
y que para poder construirte
primero debes desarmarte.

pronto todo eso que tanto quieres
llegará a ti.

por favor, por lo que más quieras.
si no has sanado tu corazón,
si no has podido olvidar aquel viejo amor
no intentes remplazarle con alguien más.
no le hagas ese daño a alguien
que está dispuesto a todo lo que por miedo
sigues sin querer soltar.

sana sin remplazar.

fuiste el amor correcto
en el momento equivocado.

recuerda que el amor
no es suficiente para curar
una enfermedad mental.
no le abandones, pero prométeme
que no te abandonaras
para acompañar a alguien
que necesita mucho más que cariño
para poder salir adelante.

mi mejor venganza
es no hacer nada,
porque aprendí
a nunca irme
de la forma en que se van
los que dañan a los demás.

espero seas feliz sin mí.

nadie fue capaz
de ver el dolor detrás
de mi mirada, de mi sonrisa,
de mi mal llamada felicidad.
sé que no debo esperar
que los demás adivinen lo que siento,
pero me duele ser tan incomprendido,
tan poco relevante
como para recibir un abrazo
y que alguien me diga
que todo estará bien.

esa sensación horrible
que me atrapa por las noches
cuando me acuesto en la cama
y trato de dormir, entonces
un vacío se apodera de mi pecho
y mis ojos comienzan a mojarse
con lágrimas llenas de sufrimiento
y me preguntó ¿qué hice mal?
si todo estaba bien tan solo
un momento atrás.

para ser feliz amando
debes dejar de tener miedo,
amar sin vergüenza,
sin pena al ridículo,
al escrutinio ni a comentarios ajenos,
debes amar con seguridad,
consciente de que tu elección
tal vez no es la correcta
pero es tuya y eso
es lo que hará que todo
valga la pena.

tantas cosas
de las que me arrepiento,
pero la que más me duele
fue perderte a ti.

me duele que, a pesar de yo
no haber hecho nada malo,
me culpes a mí porque lo nuestro
no funcionó.
debí saber desde el principio,
que tú solo estabas buscando
motivos para irte.

si te soy honesto
no te he olvidado
y quizás nunca lo haga
tal vez me tenga que conformar
con vivir mi vida
arrastrando en la memoria
lo que un día fuimos
y no pudimos volver a ser.

yo gané todo
cuando llegaste a mi vida
y lo perdí en el instante
en el que te alejaste de mí.

y no sé a dónde se fueron
los momentos que vivimos juntos,
no sé qué pasó con el tiempo
ni la distancia que ahora
nos separa, y quiero volver
a lo que fuimos, pero por algún motivo
pareciera que nada de eso
alguna vez sucedió.

te veo en el cielo
y en las flores del parque,
te veo en la lluvia, en la brisa
y en el tiempo que pasa cada instante,
te veo en mis recuerdos y en cada
fantasía donde me imagino contigo,
te veo en todas partes,
pero no puedo atraparte.

detesto lo rápido
que mis ojos se inundan
con lágrimas cuando
algo me hace sentir mal,
porque me evidencia
y me deja vulnerable.

a donde vayas
recuerda que
para que algo funcione
el interés debe ser
mutuo.

así de fácil
todo termina
todo llega a su fin
y nada vuelve a ser
como lo era en un inicio,
tus ojos no me volverán a ver
de la forma dulce y tierna
con la que antes me miraban
y tus manos no volverán a tocarme
con la suavidad que antes lo hacían,
así de fácil,
lo que antes era una hermosa realidad
ahora es una triste pesadilla.

te va a costar mucho dolor
y muchas lágrimas
entender que tu paz mental
es primero.

no es que tenga miedo
de volver a sentir,
volver a llorar o volver
a quedar vulnerable
en los brazos de alguien más,
es que simplemente
no quiero volver a repetir
el mismo error de ayer
y de siempre,
no quiero volver a sentir
que me equivoqué.

siempre me guardo
mis sentimientos
porque no sé si los demás
están pasando por suficientes
problemas, como para todavía
cargar con los míos.

no sé si eso está bien,
pero me es difícil poner
mis emociones por encima
de los demás.

sé que parece que puedo con todo,
pero no es así, en ocasiones
necesito de tus abrazos, tus apapachos,
tus palabras melosas y tus besos
para sentir que todo está bien.

que injusta es esta vida.
haber tenido tan cerca
la oportunidad de algo
tan hermoso, pero nunca
estar tan cerca como para
poderlo tocar con mis propias
manos y, de todas formas
nunca me arrepentiré
de todo eso que pudimos ser
y no fuimos, y tampoco me rendiré,
porque quizás, algún día,
nuestros caminos se vuelvan a cruzar
y la vida deje de ser injusta.

no importa a donde vaya,
que haga o cuando,
aquí en mi pecho
siempre quedará el amor
que te prometí con tanto
anhelo, alimentando
el incendio del corazón
que se apagará
cuando deje de latir
en nombre de tu recuerdo.

con amor para ti,
Santiago Alanis.

Made in the USA
Coppell, TX
24 January 2025

44913822R00069